chili
verlag

Fritz Deppert

KLAGELIED
winterzu

Gedichte

chiliverlag

1. Auflage Juni 2017

franchili / 55
Gestaltung, Layout, Lektorat: chiliverlag
Autorenfoto S. 78: Godehard Lehwark

Detaillierte bibliographische Daten sind unter http://dnb.ddb.de bei der Deutschen Nationalbibliographie abrufbar.

Printed in Germany
ISBN 978-3-943292-57-2

www.chiliverlag.de

Meiner geliebten Frau Gabriella,
verstorben am
9. September 2016

winterzu

Nachträgliches Geburtstagsgeschenk

Ich schenke dir ein Spiegelbild,
es ist ähnlicher
und aus den Tagen
der ersten Küsse.

Wir werden nicht mehr
Falten erforschen,
die das Zeitmesser kerbte,
stattdessen zärtliches Umarmen üben
jenseits von Alter und Weltgeschichten.

Ich schenke dir ein Spiegelbild.

Ich bin

Ich bin der Regen, der
über die Fensterscheibe rinnt;
ich bin die Melancholie, die
Wolken zur Erde drückt, bin ihr Grau.
Die Geräusche in der Regenrinne
morsen mein Alphabet.
Ich bin der Tag und die Nacht.
Und nur wenn ich zu denken beginne,
stehe ich wieder auf den Füßen
mit offenen Augenlidern.
Nun ist der Regen
Vergangenheit oder Zukunft.
Wenn er oder ich wüssten,
was der jüngste Tag bringt.

Nach der Jahrtausendwende

Im Zimmer Gespräche
über Tod und Teufel.
Draußen im Platanenhain
zwischen grünen Blatthänden
singt die Amsel. Ich unterlege
ihrem Gesang Gegenbeweise
zum Jungbrunnentraum
verbrauchter Gewalt.
Drinnen wechseln Alphabete
wie die Zeitrechnungen.
Unverdrossen singt die Amsel
ein Liebeslied.

Kalenderblatt

Im Kissen Duft der Tannen.
Ihre Zweige schaben sanft
am Blei der Regenrinne.
Der Buntspecht vom Tag
klopft noch in den Ohrmuscheln.
Ich werde von ihnen träumen.

Botschaften von Kriegstänzen
in allen Erdteilen, die Zugang fanden
über die Antennenspitzen zu
meinen Augen, werde ich
fernhalten können;
die Lider sind geschlossen und
verstärken die Dunkelheit.

Morgen früh, wenn Gott will,
sagte das Kalenderblatt,
werde ich wieder geweckt, weil
Sonnenstrahlen durch die Ritzen
der Fensterläden dringen,
mein Kissen berühren und die
Hähne mehr als drei Mal krähen.

Sturmtief

Wind reißt Blätter von den Bäumen,
Wind streut Sand in die Augen,
Wind schlägt Türen und Fenster zu,
Wind kühlt meine Rippen,
Herzmuskelschlag verlangsamt sich.

Wind spielt Gitarre auf Stromleitungssaiten,
Wind orgelt in Schornsteinen,
Wind hebt Dächer auf und
fegt Sorgen und Lüste aus Zimmerecken.
Wind kräht mit Goldhähnen um die Wette und
treibt Uhrzeiger an Kirchtürmen vor sich her.

Wenn ich den Zeigefinger anfeuchte, um
seine Richtung bestimmen zu können,
schlägt er mir ein Schnippchen und dreht sich.
Wind bitte mich zum Tanz mit dem
Nussbaum im Hofgarten: Hüften wiegender Kreis.

Als er das Fliegen lehrt, wirbele ich über
Bäume, Dächer, Flüsse und Berge davon.

Frühjahrsputz

Straßenkehrer fegen Winterreste aus
Fugen und Ecken der Bürgersteige.
Von Blumenrabatten klaube ich
unerfüllte Wünsche des vergangenen
Jahres. Sonnenkraft und taubenblauer
Himmel stehen mir bei.

Ich schleudere mein Herz hoch
in die Luft über das Turmfalkennest
den Blaumeisengesängen hinterher.

Frühlingsangebot

Tief atme ich ein:
blühender Mandelbaum,
ein Duft aus
Wintervorbei und Vergessenkönnen.
Leichtfüßiger gehe ich.
Wenn Erinnern an frostige Zeiten
Nicht wiederkehrte und
die knospenden Flügel stutzte,
könnte ich lange schweben.
Ein Duft aus
Wintervorbei und Vergessenkönnen.
Ich atme aus.

Aprilschnee

Kirschbäume werfen
Blütenblätter in den Wind,
ihre zarte Schönheit ist
überflüssig geworden;
unser Bedauern ändert es nicht.
Wir werden trotzdem
reife Kirschen pflücken.
Erst nach der Ernte
färbt sich auch das Blattwerk
und tanzt sich zu Tode.
Dann stehen wir froststarr
und warten auf den Winter.

Pfingsten

Erdtiefe Bücklinge
des Fliederbaums
vor dem Sturm, der talauf
in den Blütenduft fährt.

Er treibt Windeskälte
durch das Fenster in
die Augen, sie tränen
Bittersalze über die
konturlos grau gezeichnete
Scheibe der Landschaft
jenseits des Flieders.

Mai, verregnet, und nur
die Grasmücke singt noch
Ausgießung des Heiligen Geistes
und ihr Wintervorbei.

Hochsommerfreuden

Auf Schwimmbadwiesen
drehen Zecken mit Grasmilben im Duett
Borreliosen unter die Haut
der Sonnenhungrigen.
Am Wegrad tropft Saft
aus Brombeerhecken und
Fuchsbandwürmer lauern auf Naschsüchtige.
Tümpel brodeln und speien
vor der Gewitternacht
Stechfliegen gegen die Terrassen.
Wespen neiden uns Speisen und Getränke.
Als auch noch der Blitz
in die Antenne schlägt,
stellen wir die Kalender vor
und sehnen uns traumlang nach
Nebel und frostigen Nächten.

Hitzeperiode

Wald steht stumm,
Hitze verschlug ihm
das Blätterrauschen.
Wiesengrün verblasst;
nur Unkraut gedeiht noch
und streckt schwarze
Samenfinger empor.
Bussarde hocken im Nest
und warten auf Regen.

Wir fliehen ins Haus
und schließen Rollläden;
aber die Hitze, die herweht
aus Bildschirmnachrichten,
trocknet die Kehlen aus
mit unstillbarem Durst.
Auch Regenzauber und
Beschwörungen versagen.
Wo, fragen wir,
bleibt das Rettende?

Himmlische Mächte

Achselschweiß und Durstkehlennot;
Sommerinventar nicht nur über Tag,
sondern auch in unseren Nächten
mit Zeckenbiss und Bremsenstich
und Zackenblitz und Donnerschlag.
Der Wettergott wird zum Despot
und verweigert uns den Windstrich,
der die Kühlung brächte.

Septemberbild Ferienhaus

Auf der Terrassenbank sitzen wir,
die Augen schwelgen noch
im Grün der Hügel. Der Sommer
verkrümelt sich im Gras
zwischen Thymian und Schafgarbe.
Aus gefällten Bäumen
riecht es nach Kaminfeuern.
Die Wespen torkeln von
faulen Äpfeln zu faulen Birnen.
Hummeln und Bienen haben sich
in ihre Erdlöcher verkrochen.

Während wir die vollgeschriebenen
Ferientagebücher zuklappen,
rücken die Mäuse näher ans Haus,
sie warten auf unsere Abreise und
auf Vorräte, die wir zurücklassen.

Sonnenuntergang am Mittelmeer

Am Strand sitzend,
den Sonnenuntergang betrachtend,
hören, wie die Ertrunkenen
flüstern im Wellenschlag:
das Salzwasser löschte nicht den Durst,
der blaue Himmel stillte nicht
den Hunger und statt des
Weges in das gelobte Land
sanken sie grablos in Abgründe;
Verwesen vergiftet das Meer.

Am Strand sitzend lassen wir
Sand durch die Finger rinnen,
bohren Füße in feuchten Grund.
Gänsehäute lassen uns frieren:
wir wissen nicht, ach, was
den Strand so weiß färbt.

Straßenfeger im Herbst

Sie fegen Blattgedichte
achtlos zusammen und
karren sie zur Müllhalde.
Farben blenden ihre Augen,
gezackte Blattränder schneiden
das Wort Vergänglich
in ihre Fußsohlen.
Sie schreiben die Schuld
dem Herbst in den Kalender.

Herbstsprache

Tage fallen aus Kalendern
und fliehen den ersten Frost.
Wörter übers Jahr gesprochen
motten sich in Schubladen ein
neben die Träume von Gestern.
In unseren Köpfen tanzen
gelbe Blätter, als
wehten dort Herbstwinde.
Sätze – sie hätten
ausgesprochen werden müssen –
verlieren sich über Nebelgrenzen
in unsichtbare Landschaften.
Nur ihr Echo nistet noch
in rippenfellweher Brust als
Zapfenstreich und Schmerz.

Schlaftrunk

Wir keltern Weinessenzen aus
Nebel und gelben Birkenblättern.
Wir stampfen sie mit bloßen Füßen
und Schal über Ohren, Nase und Mund.
Sie füllen zenitblaue Gläser.

Wenn es dunkelt und
Orion, der kopflose Jäger,
am Himmel auf Lauer liegt,
trinken wir uns in
traumsüchtigen Winterschlaf.

Flugkunst

Unter Flügeln hätte ich
Wolken trinkbar und Himmelsdüfte.
Götterdämmerungen sähe ich
über mir, unter mir Menschen,
wie Ameisen emsig,
hoffend die einen,
zerstörend die anderen.
In meiner Brust
hagelkörniges Eis.
Schwerkraft zerrte an den Krallen.
Ich zöge sie ein und
fühlte Gottes Wiedergeburt.
Sturm plusterte das Gefieder.

Nachtexistenz zu zweit

Wir gehen aus dem Haus.
Dämm'rung schlägt die Augen blind.
Vom Himmel fällt schwarzer Brokat
über Bäume im Park in die Teiche.
An unsrer Seite geht der Wind
erste Schritte in die Nacht.
Still ergibt sich ihr die Stadt.
Mauerturm, der Schlafende bewacht,
bläst blaue Zapfenstreiche.
Nur Zirpmetall der Fledermaus
beweist uns, dass wir noch am Leben sind.

Schlaflos

Nebel schlägt ein kühles Tuch
über die Schultern.
Wir flüstern Vokale in den Wind,
entkleiden uns und
zählen das Falschgeld
aus den Taschen.

Während wir ruhe- und traumlos
Falten in das Betttuch liegen,
schlafen die Tauben
auf den Denkmalsfiguren.

Herbstmüdigkeit

Wieder gehe ich,
im Laub raschelnd, als
verfügte ich über
die Lust der Kinderfüße.
Doch langsamer bin ich und,
ohne Vorfreude auf
Winterzeit und Jahresende,
die Nähe spürend,
dauernden traumlosen Schlafs.

Noch hängen gelbe Blätter
in den Bäumen und trotzen
den kalten Winden.

Regenodyssee

Fichten neigen die Zweige im Regen,
Lichttropfen der Laternen tanzen in Pfützen,
die Straße blinkt als wäre sie ein See.
Den Schuhen wachsen Schwimmflügel,
sie gleiten im Strom der Rinnsteine
zwischen Skylla und Charybdis;
Kanalgitter gurgeln dazu Wassermusik-
melodien. Wir umschiffen sie weiträumig,
um nicht eingesogen zu werden
in die unterirdischen Flüsse;
einer könnte Acheron sein.
Stattdessen werfen wir Anker auf
Verkehrsinseln und warten dort,
bis Ampeln der Regenflut Rot zeigen.

Herbstzeitliches Wartezimmer

Geruch von Röntgenstrahlen.
Soapmusik im Wartezimmer.
Kastanienblätter bräunen
im Fensterrahmen und überall,
außen und innen, Bodennebel,
Sichtweisen begrenzend.
Der Nächste bitte. Bin ich es?
Ich erhebe mich, ohne
abgewiesen zu werden. Oder
war da ein böser Blick im Nacken?
Der Nächste, bevor es Winter wird.

Blattwerk

Herbstblätter auf dem Schreibtisch,
bunt wie meine Melancholien.
Weinlaub und Birke.
Augengrafit. Ich beschrifte sie.
Auf das gelbe Blatt schreibe ich:
„der bricht mir noch das Herz",
auf das rote: „wer jetzt allein ist".
In meine Sätze schneit es schon
Kopfkalender und Schulterblattfrost.

Winterzu

Oktoberschüsse der Vogeltreiber
über die Weinberge.
Tulpen neigen sich zum Licht,
ehe ihre Blätter fallen.
Uns bleiben Erinnerungen,
aus verwelkten Sträußen geklaubt.
Aber wozu das Vergangene,
das Zukünftige wohin.
Im Unerfüllten bleibt
das Vollkommene. Wir
blasen ihm Zapfenstreiche
und begraben Herbstmonde
zwischen den Kreuzen für die Toten.
Auch dieses Jahr wird
ein Ende haben;
es eilt schon dem Winter zu.

Melancholie

Augenwinkel salzen Tränen aus,
herbstliche Sterblichkeit.
Hände heben sich bleiern auf,
Kopfschwere spannt die Halswirbel,
Sekunden dauern länger.
Frostküsse in der Atemluft.
Nachtgedanken am
helllichten Tag. Sie
schreiben Trauerränder ins
Geschrei der Stadtkrähen.
Melancholie.

Wolkenbruch im November

Novemberregen löscht das Gelb
im Laub der Kastanien, es verglimmt.
Auf Denkmälern längst vergangener Kriege
werden Inschriften unlesbar.
Frösteln löscht auch Gedanken, sie
verkrümeln sich in aufgestellte Mantelkragen.
Die Witterung lässt keine Trauer zu, weil sie
mit dem Denken das Gedächtnis
eingemottet hat. Als Kirchtürme
im Regen unsichtbar werden,
schnattern nur noch die Elstern:
nächstes Jahr in Jerusalem.

Kein Anschluss

Wiederholte Endlosschleife:
Kein Anschluss unter dieser Nummer,
kein Rückruf möglich.
Stimmen und Ziffern sind gelöscht,
auch Worte wie Schmerz und Glück
und Liebe und Hass.
Gott und Teufel wurden abgeschaltet,
Vergangenheit und Zukunft sind nur
als sinnlose Begriffe vorhanden.

Ist das der Tod, der
nur Grabinschriften kennt und
es gut mit uns meint?

Für A.

Die letzten Rosen,
die ich zu Dir tragen wollte,
sind an Winterzweigen
schwarz verdorrt.
Ihr Rot ist Luftzug
in leeren Räumen,
wo ich jetzt
mein Herz verschnüre.
Die letzten Rosen
sind an Winterzweigen
schwarz verdorrt.

Mein Schatten hat Deine Gestalt

Für A.

Ich lösche das Licht,
öffne die Vorhänge und
lasse die Nacht herein.
Mit den Schatten der Türme
trittst auch Du in den Raum und
bist das Schweigen um mich her,
das Pochen in meinem Blut.
Du wohnst in den Spiegeln und
in meinen Schritten, wenn
ich auf und nieder gehe.
Mein Schatten hat Deine Gestalt.
Ich öffne die Vorhänge zur Nacht
und lasse Dich ein.

Parkspaziergang

Auf den Spuren der toten Freunde gehend
höre ich ihre Stimmen, ohne die Wörter
entziffern zu können.
Oder war es nur ein Rauschen
im Spätsommerlaub der Platanen?

Der Luftzug ihrer vorübergehenden Körper
streicht kühl über mein Gesicht.
In den Handflächen spüre ich einen
flüchtigen Druck wie eine rasche Begrüßung.
Ich verneige mich und vernehme im Kies
das Knistern ihrer Schritte. Oder sind es
die Schritte, die ich im vorigen Jahr ging?

Als ich den Parkweg stadtzu verlasse,
schütteln die ehernen Löwen
auf den Eingangsportalen ihre Mähnen
und fordern Rückkehr.

Hochbetagt

Das Telefon läutet selten.
Wenn es läutet, höre ich
„Falsch verbunden".
Der Briefkasten bleibt leer und
ich überlege, ob ich
das Schild „Bitte keine Werbung"
entfernen soll. Die Hausklingel rostet.
Wege außerhalb des Hauses
sind länger geworden, die Gewichte
in der Einkaufstasche wiegen schwerer.
Das Sichtfeld reicht gerade noch
bis zum anderen Straßenrand.
Niemand geht grüßend an mir vorbei.
Die Ohren stellen sich nur,
wenn der Notarzt vorüberfährt.
Die Nase riecht allenfalls Feuer
in den Bildschirmnachrichten.
Der Appetit ist geringer, aber der
Rotwein schmeckt nach Umarmungen.
Im Radio reden sie von Menschen in
meinem Alter und nennen sie hochbetagt.

Tausend Abschiede

Tausend Abschiede,
bevor Augenlichter erlöschen:
In der Wohnung die Regale und
die vergangenen Ewigkeiten
der in den Büchern tanzenden Figuren.
Vor dem Fenster der Nussbaum,
der auf Wind wartet, um
seine Stammhüften zu bewegen.
In der Straße die Vorgärten mit
den immerblühenden Gänseblümchen
und Knospen im Erdreich, die Jahr um Jahr
Farben horten für Frühlingstage.
Im Park der Ahornbaum, der
das Schnattern der Enten ignorierend
Äste in den Himmel stemmt.
In der Stadt die Monumente,
kühle Bronzen mit Tauben
auf den Köpfen der lokalen Berühmtheiten.
An den Händen abzählbare Wiederholungen
für tausend Abschiede.

Da ist auch noch die schwarzweiße Katze,
die an kalten Tagen auf Autodächern Sonne sucht
und gestreichelt werden möchte.
Oder die krächzende Elster auf der Dachrinne.
Als sie mich kommen sieht,
hebt sie den Kopf höher und ruft
mir spöttisch nach: „Grüß Gott".

Klagelied

Uniklinik Frankfurt

Eine Schwester in blauem Kittel.
Du wirst gerufen und
gehst durch ein weißes Tor
in den Schlund einer Röhre,
als wäre es der Eingang zu
Eurydikes Unterwelt.
Das Tor schließt sich vor mir
und den pochenden Schlägen
meines Herzens.

Nicht wissend, wo Du bist
und was Dir geschieht:
allmähliches Sterben
in Warteräumen. Ihre Zahl
scheint endlos und die Zeit
steht still in ihnen.

Endlich rufst Du meinen Namen,
wenn auch mit schwacher Stimme.
Ich höre es und beginne
wieder zu atmen.

Warum

Warum bist Du so kalt, so eiskalt.
Warum ist Dein Mund mir so fremd.
Warum erwidern Deine Hände
meine Berührungen nicht.
Die Stunden, der Tag, warum
vergehen sie so quälend langsam
ohne Dich?
Sonnenblumen in der Vase,
für Dich gepflückt, sie
hängen ihre gelben Köpfe.

Nein

Nein,
Du bist nicht verreist.
Nein,
Du bist nicht einkaufen gegangen.
Nein,
Du liegst nicht in einer Klinik.
Nein,
Du wolltest mir nicht wehtun,
der Krebs hat Dein Herz gefressen.

Wozu das

I
Aufstehn, anziehn, Zähne putzen,
waschen, rasieren, kämmen,
frühstücken, wozu?

Zeitung lesen, weggehn,
einkaufen, nach Haus kommen,
für wen? Für mich?
Wer ist das noch?

Die Fragezeichen mehren sich.

Kerze anzünden,
mit Deinem Bild reden,
schlafen, von Dir träumen,
ja, das bleibt mir.

Aber aufstehn, anziehn, Zähne putzen,
wozu und für wen.

II
Müde, unrasiert und ohne Gebiss
übe ich vor dem Spiegel
Totsein mit
geschlossenen Augen
und offenem Mund.

Klagelied

Nun sind die Blumen verwelkt,
die sie Dir aufs Grab gelegt haben.
Meine Tränen sind nicht getrocknet.
Unsere Liebe sagt mir, warum ich leide.
Aus in den Himmel fackelnden Zypressen
werfen Krähen mir Trauerfedern zu.

Memento mori

Auch die Reisefotos in den Alben
verändern Formen und Farben:
Sonnenuntergänge am Meer
erlöschen, als wären sie
ausgebrannte Kerzen,
das umgestülpte Boot am Strand
zerbricht in der Flut,
Tanzschritte und Umarmungen
verflüchtigen sich in
grau verhängte Himmel,
Schwimmer ertrinken
im geschwärzten Meer.

Als ich das Fenster öffne,
um zu sehen, ob Orions Schwert
noch in der Scheide steckt,
fangen Krähen die zerfledderten
Seiten aus plötzlichem Zugwind,
hissen sie schreiend
in kahlen Bäumen und bebrüten sie.
Das Geäst schlägt ein Kreuz
aus Schatten und
nagelt es an den Horizont.
Ich stehe gebannt, weiß nicht
wieso. Und warum ich
die Krähen nicht verscheuche.

Sprachaffären

Worte torkeln im Raum,
die Kraft, Sätze zu werden,
ist abhanden gekommen.
Auch ihr Sinn ist
zweifelhaft. Nur Laute
erreichen den Gehörgang;
Orakellaute, Klagelaute.

Vor der Tür tönen Sätze
weltweiter und mit globalem
Gehabe, als wären sie
von Bedeutung und
anders als die gewohnten.
Aber sie reden sprachlos daher.

Ich gebe zu, auch ich
verstehe nicht, was ich sage.
Es klingt wie Kinderreime,
disharmonisch plappernd.
Mehr Erkenntnis findet nicht statt.

Unbegreifbar

I

Als Dein Auge brach,
geschah unumkehrbarer Tod.
Er ließ Dich in meinen Armen
erkalten und löschte mit
dem letzten Atemzug
die gemeinsamen Wörter,
die Landschaften, die Städte.
Vergeblich gesammelt
Bilder und Töne,
Wissen und Gefühle.

Ich übe stummes Schreien,
um unendlichen Schlaf
nicht zu stören mit dem Lockern
der Fesseln über meiner Brust;
das Unbegreifbare knüpfte sie.

II

In meinen Armen spüre ich
noch Wärme Deines Körpers.
In dem Gedächtnis meiner Liebe
schlägt noch Dein Herz.
Du rufst mir von weither, ich antworte:
Unsere Seelen werden sich umarmen.

Auch ein Herbsttag

Blätter ziehen
ein gelbes Festkleid an
und lösen sich vom Baum
zum Sterbetanz.
Auch ich zog Dir
Dein schönstes Kleid an,
es war blau. Du warst
gestorben in meinen Armen,
ohne einen letzten Tanz mit mir.
Ich stand und weinte
und glaubte an Erlösung.

Herbsttod

Die Blätter zittern
an den Ästen,
bevor sie fallen;
Nachtfrost verkündet
ihre Sterbebotschaft.
Dieser Herbst brachte
auch Dich zu Fall;
Dein Herz zerbrach mir
in den Händen.
Ich sah den Tod nicht kommen,
sonst hätte ich
alle Türen verriegelt.

Auf Deinen Spuren

In Deinem liebsten Garten
sterben jetzt Blumen
in den Rabatten,
Blätter fallen aus
den Spalieren.
Feigen- und Zitronenbäume
wurden in der Orangerie
geborgen, um nicht Winterfrösten
zum Opfer zu fallen.
Regen prasselt auf die Farben
aufgespannter Schirme, ohne
sie wegwaschen zu können.
Schirmlos gehe ich,
der Regen läuft mir
in den Kragen und
über das Herz in die Brust.

Wo

Du gehst noch
durch die Räume,
ich höre Deine Schritte
mal nah, mal fern.
Manchmal höre ich
auch Deine Stimme,
als riefst Du mir.
Ich suche, wo Du sein könntest,
finde Dich aber nicht.
Nur ein Luftzug, der
den Duft Deines Haares hat,
streift mich zärtlich.
Das Wissen, auf Deinem Grab
steht Dein Name
in der Novemberkälte
des Alten Friedhofs,
treibt mich zurück
in stummes Verzweifeln.

Raureifzeit

Auf Wegen im Park zwischen
kahlen Bäumen und Rabatten,
Fußspuren in regenfeuchter Erde und
Trauerhieroglyphen flüchtender Krähen
greife ich vergebens nach Deiner Hand.
Im Buschwerk der Rauhreif
täuscht Dauer und ewige Schönheit vor;
wenn ich ihn anfasse, schmilzt er.
Auf den Dächern rauchen Schornsteine,
hinter verschlossenen Türen flackern Kerzen.
Auferstehung findet woanders statt. Fragen
in den Wind gestellt – Antworten bleiben aus.
Auch unsere Liebe zuckt
hilflos mit den Achseln.

Friedhof

Der Wind spricht mit
der unbegreiflichen Kälte
der Grabsteine. Er
liest mir Namen vor.
Zypressen steilen himmelauf,
als müssten sie die Bläue tragen.
Ihre Schatten sind kühler als
die ihrer Schwestern
vor den Portalen.

Ich entzünde ein Grablicht,
Dein Lächeln, Deine Stimme
flackern im Docht und
bitten mich zu bleiben.

Weiß und kalt

Die Fichten sind ergraut.
Weiß und kalt.
Wolken trauern mit mir;
sie warfen über Nacht
ein Laken auf das Grün
der Wiesen und Bäume,
der Täler und Hügel.

Als ich vor das Haus gehe,
verwandelt sich der Schnee
in den Haaren zu Eiszapfen.
Ich taue sie in den Händen auf,
trage sie zu der Grabstätte; sie
rinnen, als wären sie Tränen,
über Deinen Namen
im Granitschwarz.

Wintersonnenwende

Sonne stirbt und kehrt doch wieder:
Es tröstet mich nicht, auch nicht
Wintersonnenwende und Helligkeit,
die Atemzug für Atemzug
früher aus Nacht in den Tag steigt.
Vom Morgengrauen bis zur Dämmerung
suche ich vergeblich nach Dir.

Nachts, wenn Glockenschläge klingen,
als gäbe es keine Zeit,
überlasse ich mich Träumen und
sehe, höre, fühle Dich, als wäre
Tod nichts, was wirklich ist.

Der Tod ist mehr

Der Tod ist mehr als ein Gedanke;
Glocken läuten es vom Turm,
sie verkünden Sterblichkeit.
Im Mauerschatten klagend
halten Osterglocken dagegen.

Mit Deinen Augen sehe ich es,
mit Deinen Ohren höre ich es,
mein Mund spricht mit Deiner Stimme.

Als die Glocken verstummen und
auf das Vorrücken der Zeiger
an der Turmuhr warten, bestätigen
die Ringeltauben mit Kopfnicken,
dass Du es gewesen bist, weil auch
Dein Tod mehr ist als ein Gedanke.

Ausholzen

Ausgeholzt wird das Wintergeäst,
der Park wird vorbereitet
für einen neuen Frühling;
die Farben blühen schon
in Blumenzwiebeln.

Als die Gärtner auch
mein Trauerherz
beschneiden wollen,
verweigere ich es und
entkomme über die Parkmauer.

Auftrag

Blind, taub und stumm
hat Dich der Tod geschlagen.
Nun muss ich Wildkirschen,
die den Frühling herbeiblühen,
mit Deinen Augen sehen und
den Amselschlag mit
Deinen Ohren hören,
um es Dir weitersagen zu können.
Was hätte es sonst für einen Sinn,
dass Uhrenzeiger vorrücken,
als wäre nichts geschehen.

Traueroden

Ich schreibe Traueroden für
die Frühjahrsgesänge
der Blaumeisen und
verbrüdere mich mit
den hängenden Köpfen
der Christrosen. Das
Schneeglöckchengeläute,
es klingt verstimmt.
Die Krähen im Gras
beäugen mich, als wäre
ich ein vertrauter Gast.
Vom Kirchturm klingt
das Lied: Es ist ein Schnitter,
der heißt Tod.

Frühlingstrauer

Die Schneeglöckchen
läuten zur Frühlingstrauer,
auch die Gänseblümchen
blühen mit gesenkten Köpfen.
Tulpenspitzen drängen aus Beeten,
Himmel weben blaue Bänder;
ohne Dich leugne ich die Farben und
bitte den Frühnebel, mich mit
Wänden zu umstellen.
Kühler Morgenwind
hilft mir beim Weinen.

Grüße posthum

Stiefmütterchen, Veilchen,
Vergißmeinnicht
zu Mustern gepflanzt im
französischen Garten,
ich grüße euch von
meiner Geliebten, sie
starb und kann
nicht kommen.

Ihre Spuren im Wegsand,
ihre Fingerabdrücke am
Gold der Sonnenuhren,
ein milder Regen schonte sie.

Ich berühre sie und
bitte euch, mit mir
die Köpfe hängen zu lassen, bis
ich den Garten wieder verlasse.

Trauerschlaf

Kalter Regen löscht Farben
der Krokusse im Gras.
Meine Schwester, die Zaubernuss,
scheut den Frühling und verblüht.

Während Krähen ein Nest bauen,
als wäre ihr Gefiederschwarz
kein Trauergewand, suche ich
eine Höhle, um mich sommerüber
zu verkriechen und erst wieder
hervorzukommen, wenn Frostnächte
Stadt und Landschaft grau färben.

Trauerflor

Lilienweiß und Rosenrot in
ewig wuchernden Efeu gesteckt.
Auf den Grabhügel gepflanzt
Ringelblumen, Totenblumen und
die Allerseelenastern. Trauerweiden
wiegen windbewegt das
Requiem aeternam dona.
Worte: Klageworte, Liebesworte
in das Moos gelegt, dort
liegen sie weich und warten,
dass Du sie liest.

Das alte Gartenhaus

Als ich zurückkehrte,
knarrte die Zauntüre und
schleifte im Löwenzahn.
Aus den Büschen flohen
Blaumeisen und Amseln;
Sie beschimpften den Eindringling.
Aus dem Briefkasten fielen
Postkarten, regenfeucht und unlesbar;
Die Fotos zeigten Fragmente
exotischer Länder.

Plötzlich sah ich Rosenbüsche
wieder üppig erblühen. Als ich
Deine Stimme hörte,
floh ich, Wildblumen in Händen.
Ich werde sie auf Dein Grab legen.

Mit den Toten sprechen

Liebe schien unendlicher als
Irdisches es sein kann.
Sie hat sich verwandelt in Trauer,
die nichts tastet, riecht, schmeckt
als Leere und sanfte Berührungen
eines Luftzuges, dessen Herkunft
ungewiss ist, auch wenn er sich
anfühlt, als wäre es ein Atmen.

Was bleibt?
Mit den Toten sprechen,
eine alte Weisheit der Ägypter,
die mit Sterben vertrauter waren.
Also rede ich Abend für Abend
mit Dir, auch wenn Antworten
ausbleiben.

Reanimation

Die Kerze flackert.
Im tanzenden Licht
erscheinst Du mir.
Nachtschwärze tilgt
die Gegenargumente;
auch die Zypressen,
tagsüber sichtbar
im nahen Park, sind
nicht zu sehen und doch da.
Deine Anwesenheit im Raum,
Dein Atem bewegt den Docht,
er sendet hieroglyphische
Nachrichten. Ich werde
sie entziffern. Zuerst aber
rede ich mit Dir Tagworte
von Sehnsüchten und
Selbstverständlichkeiten.

Gebet

Dein Lächeln nistet noch
in Fotos in meiner Hand
und drängt in mein
schneller schlagendes Herz.

Herbstregen, Freund meiner Trauer,
klopft an das Fenster. Ich werde
zu Dir eilen, Deinen
immergrünen Schirm
über das Grab halten und
ein hilfloses Gebet sprechen:
Gott, wenn es Dich gibt, behüte sie
und sei gut zu ihr.

Wetterwechsel

Das Wetter kippt,
Föhn bläst den Schnee vom Dach.
Schlaflos hörst Du das Blut
in Deinen Adern rauschen.

Leben wozu,
die Frage stellt sich jetzt
und verlangt Entscheidungen,
bevor der Morgen wieder graut.

Frühjahrsreflex

Gebetsmühle des Unterbewusstseins:
Ich spreche immer noch
nach Wintersätzen Frühlingswörter,
obwohl schon alles gesagt ist,
von mir und von anderen,
Jahrzehnte, Jahrhunderte lang.
Gewohnheit, eingebrannt;
ich muss es tun, um
überleben zu können. Also
sage ich mit gefalteten Händen
Veilchen, Tulpen und andere Triebe
im Erdreich und himmelwärts und
lobpreise gutwettergläubige Heiterkeit.

Da sein

Solange ich Deinen Namen schreibe,
lebst Du in meinen Texten,
gehst durch das Zimmer,
kannst lachen, weinen
und sprechen mit mir,
weil meine Wörter die Kraft haben,
Dich ins Leben zurückzurufen.
Also schreibe ich Deinen Namen
täglich tausend Mal, bis
Fingerkrämpfe die Lesbarkeit
verweigern.

Der Autor

Fritz Deppert, geb. 1932, lebt in Darmstadt, promovierte über die Dramen Ernst Barlachs; zahlreiche Buchveröffentlichungen, Lyrik, Romane, Essays, Aphorismen; Gründungsrektor der Bertolt-Brecht-Schule in Darmstadt, PEN-Mitglied, Ehrenpräsident der KOGGE, bis 2017 Lektor des Literarischen März und Mitherausgeber der Buchreihe „Lyrik unserer Zeit“; Johann-Heinrich-Merck-Ehrung, Goetheplakette des Landes Hessen.
Anneliese, seine erste Frau, starb am 23. Januar 1964.

Foto: Godehard Lehwark

Fassadenflucht – Politische Dichtung der Gegenwart II

Hrsg. Franziska Röchter, Vorwort Bernhard Winter

chiliverlag, ISBN 978-3-943292-32-9, 208 Seiten, EURO 9,90

Diese zweite Sammlung politischer Dichtung der Gegenwart knüpft an das Anliegen von Band I (Strohblumenstörung, chiliverlag 2015) an, Meinungen, Überzeugungen, Stimmungen zum aktuellen politischen Geschehen und zu gesellschaftlichen Realitäten der Gegenwart mit Blick auf Vergangenheit und Zukunft flächendeckend einzufangen. Namhafte und auch unbekanntere zeitgenössische Dichter aller Altersstufen aus Deutschland und Europa geben ihre engagierten poetischen und literarischen Statements zu gesellschaftlichen und politischen Zuständen.

87 Autorinnen und Autoren, u. a. Fritz Deppert, Ingo Cesaro, Ralf Burnicki, Michael Starcke, Raffaele Gatta, Manfred Pricha, Alex Dreppec, Michel Ackermann u. v. m.

Pappalappa Mirzapan – Gedichte für besondere Kinder
Anthologie, Hrsg. Franziska Röchter
Mit einem Nachwort von Bernhard Winter
chiliverlag, November 2016, ISBN 978-3-943292-49-7
80 Seiten, 8,90 Euro

Rund 35 Autorinnen und Autoren, unter ihnen Alex Dreppec, Bernhard Winter, Jürgen Völkert-Marten, Elisabeth Drab u. v. m. schreiben Gedichte für ganz besondere Kinder.

Dieses ganz besondere Büchlein gibt Eltern Gedichte an die Hand, um ein Sprachverständnis selbst bei denjenigen Kindern und Jugendlichen zu fördern, von denen man annimmt, sie hätten nicht die nötigen Voraussetzungen, um Gedichte zu verstehen. Ein wunderbarer Band zur spielerischen Unterstützung von Sprachanbahnung und -entwicklung bei Spezialkindern, aber ebenso bei allen anderen Kindern, die Klang, Rhythmus und Stimme genießen und an Versen und Reimen Spaß haben. Mit einem Nachwort von Bernhard Winter, psychologischer Psychotherapeut und Lyriker.

wir wölfe – Gedichte
Eine poetische Hommage an unsere Tierwelt
Anthologie, Hrsg. Franziska Röchter
Mit Fotos von Heike Großmann und Christine Zeides
chiliverlag, Juli 2016, ISBN 978-3-943292-45-9
148 Seiten, Euro 9,90

Annähernd 60 Autorinnen und Autoren, unter ihnen Michael Starcke, Peter Ettl, Esther Ackermann, Thomas Rackwitz, Sören Heim, dichten über die Vielfalt und den Artenreichtum unserer Tierwelt. Aus den Gedichten und den Fotos von Heike Großmann und Christine Zeides spricht eine große Wertschätzung gegenüber Tieren und ein Erkennen ihrer unglaublichen Einzigartigkeit sowie Bewunderung ihrer Schönheit. Mal humorvoll, zunehmend aber auch ernsthaft werden Besonderheiten einiger Tierarten und Wissenswertes poetisch beleuchtet und ihr Dasein in Relation zum Menschen bespiegelt. Mit Gedichten des Anfang 2016 verstorbenen Bochumer Lyrikers Michael Starcke.

Glasaugenstern – 101 Gedichte von Alex Dreppec
Mit Illustrationen von Nicola Koch, Axel Röthemeyer, Eva Simone Scheuermann, Alex Dreppec, chiliverlag 2014
ISBN 978-3-943292-21-3, 156 Seiten, EURO 8,90

In dieser Sammlung stehen zuvor an über hundert Orten verstreut abgedruckte Gedichte erstmals nebeneinander und geben einen vielfältigen Einblick in das bunte Schaffen eines der führenden komischen Lyriker der Gegenwart.

Alex Dreppec war 2002 Finalist der deutschsprachigen Poetry Slam-Meisterschaften in Bern. 2004 wurde er mit dem Wilhelm-Busch-Preis ausgezeichnet. Dreppec veröffentlichte Lyrik, Essays und Kurzprosa in zahlreichen Anthologien (u.a. 2008 in „Der Große Conrady" und in „Parody on Impression", New York).

Alex Dreppec, **Tanze mit Raketenschuhen – Dance with Rocket Shoes: Wissenschaftsgedichte – Science Slam Poetry**
chiliverlag, November 2016, ISBN 978-3-943292-50-3,
180 Seiten, 12,00 Euro

Die vorliegende Zusammenstellung von Gedichten, die sich mit wesentlichen Gebieten wissenschaftlicher Disziplinen beschäftigen, um diese durchaus humorvoll zu durchleuchten und zu hinterfragen, ist absolut einzigartig. / The present compilation of poetry, which is about essential fields of academic and scientific disciplines in order to examine and question them in a humorous way, is absolutely unique.

Teile der vorliegenden zweisprachigen Sammlung erschienen vorab in angesehenen Zeitschriften wie „Cincinnati Review", „Notre Dame Review" (USA), „Orbis" (UK) oder „Das Gedicht". www.dreppec.de / Parts of the present bilingual collection were previously printed in renowned journals like „Cincinnati Review", „Notre Dame Review" (USA), „Orbis" (UK) or „Das Gedicht" (Germany). www.dreppec.de